Sabine Maria Böhler

Saphira

Sabine Maria Böhler

Saphira

Rückkehr des Regenbogens

freya
VERLAG

ISBN 978-3-902540-73-7

Verlag Freya/Linz/Austria
www.freya.at
Zeichnungen: Sabine Maria Böhler, Jamila Böhler
Lektorat: Manfred Mitterlehner
Umschlag: Wolf Ruzicka
printed in EU

Inhalt

Die Lichtbrücke in die andere Dimension

Übermittelt von Saphira, einem Essener Mädchen, das bereits im Licht ist.

Der Name des Kindes ist Saphira. Sie ging im Alter von 8 Jahren von dieser Erde. Sie ist ein Essener Kind und wird euch mit den Augen eines Kindes ihre Weisheit und ihre Wahrheit mitteilen.

Dieses Buch ist geschrieben worden, damit Kinderseelen über die Lichtbrücke ins Licht geleitet werden.

Die Lichtbrücken werden für die Kinderseelen erbaut, die den Weg von der Erde ins Licht noch nicht gefunden haben. Um dem Pfad Gottes zu folgen, brauchen sie viele Menschenwesen, die ihnen helfen, diese Brücken zu bauen - damit ihre Seele weiter steigen kann.

Durch den Schmerz der Zurückgebliebenen und die Liebe zu ihnen versuchen sie ihre Eltern zu trösten. Dadurch vergessen die Kinder, dem Licht zu folgen und brauchen so unsere Hilfe.

Entstanden ist dieses Buch durch die Inspiration einer sehr lieben Freundin. Wir gingen zusammen spazieren und bauten eine Lichtbrücke für die Kinderseelen.

Beim Kaffee auf der Terrasse fragte sie mich: „Bist du bereit, die Botschaft eines Kindes in ein Buch zu schreiben?"
„Ja, war meine Antwort. Gerne, es ist mir eine Ehre, ich nehme die Aufgabe gerne an."

Somit gingen die Kinderseelen mit mir nach Hause und ich begann noch am selben Abend zu schreiben.

MAGIER 1	16. Juni 2007	Kin 14
MOND 12	9. Oktober 2007	Kin 129

Meine Gedanken zum Leben und zum Buch ...

Ich verspürte immer schon eine tiefe Sehnsucht in mir. Eine Sehnsucht, die ich nicht in Worte fassen oder aufhalten konnte.
Es ist ein Gefühl, wie wenn irgendetwas in dir tief drinnen dich antreibt.

Als ich noch ein Kind war, faszinierten mich die Indianer. Immer wieder hörte ich in den Filmen, wie ein alter Häuptling sagte:
„Heute ist ein guter Tag zum Sterben!"

Schon damals dachte ich – wie meint er das? Warum kann er das so gelassen sagen? Was ist bei den Indianern anders als in unserem Leben?
Genau diese Fragen brachten mich mit 25 Jahren auf die Suche.

Viele Wege bin ich gewandert. Sehr viele Veränderungen liegen hinter mir. Doch ich habe tief in mir dieses Vertrauen, das mich immer begleitet hat.

Als meine Oma starb, ich war 21 Jahre alt, war es für mich die erste Begegnung mit dem Tod. Ich hatte damals eine liebe Frau - eine Buddhistin - um mich.
Sie erklärte mir, ich solle mit meiner Oma reden, die Seele sei noch drei Tage auf der Erde.
Ich habe auch hier nichts hinterfragt und habe meiner Oma alles gesagt und mich bei ihr bedankt für die schöne Zeit.

Bei jeder Reise, die ich machte, hatte ich das Gefühl, sie begleitet mich.
11 Jahre später ging ich zu einem Medium und meine Oma hat mit mir gesprochen.

Diese Freude, die ich da verspürte, ist in Worte nicht zu fassen.
Und noch etwas wurde mir klar – es gibt ein Leben danach.

Diese Gewissheit machte mich stark und ich probierte, sie in mein Leben zu integrieren. Nicht immer stieß ich auf Beifall, aber ich ließ mich nicht ablenken.
Ich wusste es einfach, und aufgrund meiner Erfahrungen glaubte ich daran.

Jetzt bin ich Mutter von drei hübschen Töchtern – Sarah, Jamila und Samira.

Ich gebe all diese Erfahrungen an meine Kinder weiter. Und immer wieder fasziniert es mich aufs Neue, wie Kinder offen und aufgeschlossen mit dem „UNSICHTBAREN" im Leben umgehen.

Für Kinder ist es normal, sie sehen und sie hören es. Doch es liegt an uns Erwachsenen, ob wir Ihnen diese „Magie des Lebens" zugestehen oder auch nicht. Die Kinder hören und sehen mit dem Herzen.

Mit diesem Buch, das ich als Medium für Saphira und all die Kinder schreiben durfte, geben wir die Botschaft an die Menschen weiter, die bereit sind, ihr Herz auch für das NICHT-SICHTBARE zu öffnen.

Es ist genug Schlimmes auf Mutter Erde passiert und es ist an der Zeit, NEUE WEGE zu gehen.

Es liegt in unseren Händen, welche Samen wir in dieser Welt hinterlassen.
Die Früchte sind dann die Ernte für unsere Kinder.

Ich, Sabine Maria, bedanke mich hiermit für das Vertrauen, das mir entgegengebracht wurde von Saphira, den Kinderseelen, sowie der geistigen Welt.

Der Beginn

Es war einmal oder besser gesagt – es beginnt im JETZT.

Mein Name ist Saphira, ich möchte euch etwas erzählen, damit ihr Menschen beginnt zu verstehen, was eigentlich der sogenannte Tod bedeutet. Ihr glaubt, wenn jemand stirbt, dass dann alles aus ist.

- Warum?
- Woher kommt dieser Gedanke?
- Wer sagte euch das?

Wieso bringt ihr mehr Kraft für diesen Gedanken auf, als dass ihr glauben könntet, dass der Tod nur ein neuer Beginn in einer

anderen Welt ist? Ja, was ist das denn, woher kannst du so etwas sagen?
Ich bin ein Kind aus dieser anderen Dimension, und ich weiß, wovon ich spreche.

Ich möchte es euch in der einfachen Sprache der Kinder weitergeben:

Wo fängt das Leben an und wo hört es auf? Das Leben auf der Erde fängt mit der Geburt an.
Eine Seele aus der anderen Dimension entschließt sich, in materieller Form oder besser gesagt in einem Körper, auf diese Erde zu kommen.

Das macht die Seele aus einem ganz bestimmten Grund. Sie möchte wachsen, sie möchte lernen, sie möchte Erfahrungen sammeln. Um aus den gesammelten Er-

fahrungen mehr über ihr wahres Selbst zu erkennen.
Solange wir als Seele in der nichtmateriellen Welt sind, können wir uns an alles erinnern. An die Aufgabe und den Weg, den wir gehen wollen auf diesem schönen Planeten, Mutter Erde.

Doch durch die Geburt und die Materialisierung im Körper vergessen wir oder können uns nicht wirklich daran erinnern.
Dann liegt es in unserem Schicksal, was für Eltern wir uns ausgesucht haben. Welche Erfahrungen unsere Seele braucht, um zu wachsen.

Es gibt viele Möglichkeiten, diese Erfahrungen zu sammeln. Doch wir alleine haben es in der Hand, welchen Weg wir gehen. Es liegt an uns. Es liegt auch daran, welchen Weg unsere Eltern uns vorleben.

- Reden sie mit uns von Herz zu Herz?
- Gehen sie auf unsere kindlichen Gefühle ein?
- Hören sie uns zu, wenn wir ihnen etwas sagen wollen?

Wenn nicht, dann haben wir Kinder die Aufgabe sie wachzurütteln, auf welche Art und Weise auch immer.
Wir meinen es nicht böse, wenn wir nicht ihrer Meinung sind und uns wehren.
Aber wir möchten, dass auch sie das Zusammenspiel und die Geheimnisse des Lebens erkennen können und dürfen.
Doch wir können sie nicht dazu zwingen, denn auch sie haben das Recht auf:
„Dein Wille geschehe."

Ihr Erwachsenen glaubt immer noch, dass wir geringer oder kleiner sind als ihr. Ihr schaut auf uns herab. Ihr seht uns nicht als gleichwertige Menschenwesen. Ihr glaubt, uns belehren zu müssen.

- Warum?
- Was ist der Unterschied?
- Woher wollt ihr wissen, dass meine Seele jünger ist als eure?
- Woher wollt ihr wissen, dass ich als Kind nicht schon mehr Erfahrungswerte in mir trage als ihr?
- Woher nehmt ihr euch das Recht?
- Habt ihr schon darüber nachgedacht?
- Habt ihr vielleicht mal einen Gedanken in diese Vorstellung gelenkt?
- Oder ist euch das nicht wichtig genug?
- Ist es wichtiger zu wissen, was für ein Auto der Herr Nachbar hat?

- Oder ist es noch wichtiger über einen anderen Menschen schlecht zu reden?

Was bewegt euch Erwachsene dazu, Gedanken und Worte an unwichtige Dinge zu verschwenden, anstatt über die Essenz des Lebens zu sprechen?

- Vielleicht, weil es euch keiner gelernt hat?
- Vielleicht, weil ihr euch selber nicht kennt?
- Vielleicht, weil ihr bis zum heutigen Tage noch gar nicht darüber nachgedacht habt?
- Vielleicht, weil es meine Aufgabe ist, euch daran zu erinnern?

Im tiefsten Grund eurer Seele ist es verankert, denn auch ihr wart mal Kinder, oder?

Wann habt ihr vergessen, euch daran zu erinnern? Wann habt ihr aufgehört zu leben?
Es liegt in eurem Willen, das Leben von einer ganz neuen Seite zu betrachten. Ihr habt die Macht und die Kraft es zu verändern, kein anderer als IHR SELBST.
Doch wagt ihr diesen Schritt?
Was bin ich, wenn ich alles enthülle?

Ganz im Inneren seid ihr die göttliche Energie, die euch durchflutet.
Was bewegt euch Menschen dazu, diese große Kraft zu verleugnen oder zu vergessen?

Ihr lebt lieber in Krankheit, Schmerz und Leid, als dass ihr diesen großen Schatz annehmen könnt.

Ich, Saphira, frage euch : „Warum?"
Ist es nicht schöner, das Leben in vollen Zügen zu genießen?
Die Seele baumeln lassen und die große göttliche Kraft, die in euch ist – zu LEBEN?
Jeder auf seine einzigartige Weise. Diese Kraft anzunehmen heißt, zu leben in der Fülle, in der absolut göttlichen Fülle.
Wollt ihr diesen Schritt wagen?

Wenn ja, dann lest weiter.

Das Öffnen

Jetzt fragt ihr euch sicher: „Wie fange ich damit an?" Saphira wird es euch gerne sagen: Ihr habt drei Werkzeuge mit auf eure Reise bekommen, das sind

- die Gedanken
- die Worte und
- die Handlungen.

Wenn ihr das erkennt, dann fangt ihr damit an. Was für Gedanken gehen mir durch den Kopf?

- Sind es schöne Gedanken?
- Sind es angsterfüllte?
- Sind es sogar böse Gedanken?

Dasselbe mit den Worten:

- Spreche ich schöne Dinge aus?

- Rede ich böse über andere?
- Fluche ich?

Dasselbe mit den Handlungen:
- Helfe ich den Menschen in meiner nächsten Umgebung?
- Handle ich nur zum Eigenzweck?

Das sind schon sehr viele Dinge, die es gibt in Ordnung zu bringen.
Oder klingt es zu einfach für euch?
Habt ihr vielleicht gedacht, das Leben sei viel komplizierter?

Das Leben wäre eigentlich sehr einfach, doch ihr habt es vergessen. Aber es ist noch nichts verloren, es ist noch nicht zu spät. Ihr dürft euch entscheiden und schon wird sich euer Leben verändern.
Schritt für Schritt.

Und bitte seid nicht ungeduldig, denn wie viele Jahre habt ihr nicht darüber nachgedacht?

So gebt euch die Zeit, die ihr braucht und VERTRAUT auf eure göttliche innere Kraft. Als Kinder sind wir absolut in dieser Kraft. Hört wieder auf uns. Fühlt unser Herz. Hört unseren Gedanken zu. Wir können Hand in Hand gehen und vieles wird einfacher.

Warum ist ein Kind nur für kurze Zeit hier?

Viele Kinder auf dieser Erde haben im Moment eine sehr große Aufgabe übernommen. Sie sind im absoluten Vertrauen und lösen diese alten Muster auf.

Es sind viele darunter, die nur für eine kurze Zeit auf Mutter Erde verweilen. Sie wissen aber, dass es eine große Aufgabe ist und tun es, weil sie auf diese göttliche Kraft in sich vertrauen. Weil sie wissen, dass ihre Seele in die andere Welt geht und von allem befreit wird.

Doch es tut ihnen weh, wenn sie mit ansehen, wie viel Leid und Schmerz die Menschen, sprich Vater, Mutter und die Zurückgebliebenen dabei empfinden.

Die Kinder können dann nur noch geistig mit ihnen sprechen. Doch sie hören sie nicht. Warum bedankt ihr euch nicht für die schöne Zeit, die ihr miteinander verbringen durftet?

Die schönen Erlebnisse, die Erfahrungen, die ihr gemeinsam gesammelt habt? Ich weiß, es klingt einfach, aber in diesem Moment ist es sicher nicht so leicht, diese Situation anzunehmen.

Aber was ich euch sagen will ist:
Lenkt ein paar schöne Gedanken und Worte in diese Richtung. Ich bin nicht tot, ich bin gewechselt in die andere Welt. Meine Seele lebt weiter. Zündet eine Kerze für mich an, ich bin da, wenn ihr die Welt wechselt. Ich bin da, wenn ihr noch auf Mutter Erde lebt. Ich kann euch Geschenke machen.

Ich fühle euch, ich bin im Licht und schicke euch Licht. Ich bin nicht tot. Ich bin da.
Ich spreche für alle Seelen, die in der anderen Welt sind.
Wir werden uns wiedersehen.

Auch ich, Saphira, war eines von diesen Kindern, die früher gegangen sind.
Und ich kann euch sagen, es ist hier kein Schmerz, kein Leid.
Es ist hell hier, erfüllt mit Licht, mit Farben, strahlenden Farben. Und doch wäre es noch schöner, wenn die Menschen auf der Erde uns wahrnehmen könnten. Mit uns sprechen. Wir können viele Dinge von einer anderen Seite betrachten. Wir könnten mit euch gemeinsam die Erde heilen. Die Menschen heilen. Und das Licht auch auf der Erde in strahlendem Glanz erscheinen lassen.

Die Liebe und das Geheimnis in uns

- Klingt das nicht schön?
- Was sagt ihr dazu?
- Wäre nicht vieles schneller gelöst?
- Vieles schöner?
- Was hindert euch daran?

Es ist an der Zeit, die Sichtweise zu verändern. Das Leben ist wie man es SIEHT. Ihr habt die Kraft, es in die andere Richtung zu lenken – IHR ALLEINE. Euer innerstes Selbst wird sehr glücklich darüber sein, wenn es wieder wahrgenommen wird.

Ihr wachst wieder und ihr vereint euch mit eurer eigenen, einzigartigen Wahrheit.
Lenken wir unsere Gedankenwelt doch mal in diese Richtung. In uns verbirgt sich ein Geheimnis. Jede Menschenseele hat

ihr eigenes. Wir finden den Schatz, der in uns verborgen ist und leben ihn in der materiellen Welt aus – jeder auf seine einzigartige Weise. Keine Seele trägt dasselbe Geheimnis in sich. Denn jeder sammelt die Erfahrungen auf seine Art.

- Wie klingt das für dich?
- Kannst du dir so etwas vorstellen?

Diese Vielfalt, diese Schönheit.
Denn in jeder Menschenseele ist ein Licht verankert, das uns miteinander verbindet – DIE LIEBE.
Für mich ist es Gott.

Es ist die unsichtbare Energie, die alles in Bewegung hält und uns weitertreibt.
Wir werden geboren – wir sammeln Erfahrungen – wir leben.
Und mit diesem Bewusstsein, das wir uns

„erlernt" haben, gehen wir in die andere Welt. Dann kommen wir wieder und es geht weiter. Es ist die Energie einer Spirale. Leben ist Bewegung.

Der Seelenspeicher

Da wir mit ALLEN und ALLEM verbunden sind, können wir auch erkennen, dass es in uns einen Speicher gibt, der alles aufzeichnet – man nennt ihn SEELENSPEICHER.
Unsere Gedanken, unsere Worte und unsere Handlungen.

Wir können noch einen Schritt tiefer gehen und wir werden erkennen, dass das heißt, wir übernehmen die Verantwortung für all unsere Taten, die wir gelebt haben.
Alles ist da.
Jetzt fragt ihr euch sicher: „ALLES?"
Ja, alles.
Gibt es Dinge in eurem bisherigen Leben, die nicht so wirklich funktionieren?
Ja?

Habt ihr schon mal daran gedacht, dass ihr vielleicht Verstrickungen aus vorigen Leben mitgebracht habt?
Nein?
Klingt ein bisschen unheimlich, oder?

Wenn ihr aber beginnt, den Sinn des Lebens zu verstehen, dann wird auch dieser Gedanke von eurer Seele angenommen. Die Seele weiß es. Doch es liegt an euch, ob ihr so weit vordringen möchtet.

Was könnt ihr verlieren?
Ein Leben in Leid, Schmerz und Selbstverachtung.
Was könnt ihr gewinnen?
Ein Leben in Leichtigkeit, Einzigartigkeit und Fülle.

• Schon genug?

• Soll ich noch etwas tiefer gehen?
Schauen wir uns mal die Geschichte der Erde an, sagen wir die letzten 100 Jahre:

2 Weltkriege, chemische Waffen, Hunger, Ausbeutung, Gier, Machtmissbrauch, Missbrauch an Kindern, Morde, Umweltverschmutzung, Natur ausgebeutet, psychisch kranke Menschen...

Ich denke es ist genug. Saphira bekommt Herzschmerzen.
In uns schmort das Potenzial der absolut göttlichen Liebe, und was haben wir erschaffen?
Könnt ihr diese Welt mit einem guten Gewissen an eure Kinder weitergeben?
Ja?
Dann ist es besser, das Buch jetzt nicht mehr weiterzulesen.

Nein?
Dann gehen wir doch gemeinsam in dieses neue Zeitalter, oder?

Viele alte Kulturen – ob in Tibet, bei den Indianern aus Nord- und Südamerika, in Afrika oder Australien – wissen schon lange, dass diese Zeit kommen wird. Sie haben ihre Geheimnisse bewahrt für die jetzige Zeit. Sie wissen, dass alles miteinander verbunden ist.

Sie nehmen nichts ohne Respekt von Mutter Erde - ohne ihr etwas zurückzugeben in Form von einem Danke vom Herzen, einem Gebet oder einem Ritual. Sie kennen die Gesetze und leben danach.
Wenn ihr in euch fühlt, dann spürt ihr sicher eine große Sehnsucht in irgendein Land oder eine Kultur. Oder?

Es ist ein Teil eurer Seele. Ein weiterer Schatz, der wartet, geöffnet zu werden.

Was bin ich?
Und so könnt ihr Schritt für Schritt eure Wahrnehmung erweitern. Ihr lüftet Geheimnis für Geheimnis. Der Schatz, der sich dann offenbart, ist diese große Sehnsucht, die jede Menschenseele in sich trägt.

Das letzte Geheimnis, das jeder in sich trägt, ist die EIGENE WAHRHEIT. Und das ist dann die Einzigartigkeit, die jede Menschenseele ist.

Saphira und all die geistigen Helfer, Engel, Naturgeister, Feen, Elfen und Krafttiere unterstützen euch und werden euch liebend gerne helfen.
Ihr Menschenseelen nehmt uns wieder

wahr, und wir werden gemeinsam die Wunder vollbringen, die nötig sind, um Mutter Erde und alle Wesen und Menschen, die bereit sind, zu heilen.

• Wollt ihr das?
Wir sind da für euch.

Die Zustimmung von euch ist der Anfang dieses neuen Zeitalters. Ihr übernehmt euren Part, und wir unseren, und wenn wir Hand in Hand gehen, ist es möglich.

Spürt ihr diese schöne Energie, die bei diesem Gedanken durch euren Körper, euren Geist und eure Seele strömt?

Für Saphira ist es das Gefühl des Nachhause-Kommens.
Und für euch?

Familie und Frieden

Saphira möchte euch zum Thema FAMILIE und FRIEDEN etwas sagen:

Was ist Familie für euch?

Unter einem Dach leben, jeder geht seinen Weg? Sprecht ihr über alles in eurem Haus? Gibt es Dinge, die nicht ausgesprochen sind?
Ja?

Habt ihr nicht das Gefühl, dass dann eine gewisse Spannung da ist? Lebt ihr dann trotzdem in dieser Lüge weiter? Bekommt ihr dann nicht hin und wieder ein bedrückendes Gefühl in der Magengegend, im Herzen oder eine Verspanntheit im Nacken?
Warum macht ihr das?

Warum redet ihr die unausgesprochenen Worte nicht aus? Fühlt ihr nicht den Schmerz in eurem Körper? Sucht ihr nicht eine Möglichkeit, um das LOS ZU WERDEN?

Oder geht ihr dann lieber zu einem Arzt, um das Symptom zu unterdrücken? Ihr nehmt ein Medikament und glaubt, es wird alles besser!
Versteht ihr, was Saphira euch sagen will? Ihr sollt die Ursache in Angriff nehmen. Dann gibt es keine Symptome mehr.

Oder glaubt ihr wirklich, ihr könnt mit einer chemischen Substanz eure Gedanken und Gefühle, eure nicht ausgesprochenen Worte wieder in Ordnung bringen?

Das ist nicht möglich, denn das wäre gegen das göttliche Urprinzip.

Ihr wollt den Frieden auf Mutter Erde – habt ihr Frieden in eurem eigenen Haus?
Ja?
Dann ist das der 1. Schritt für den Frieden auf Erden.

Stellt euch einmal vor:
Jeder Mensch auf dieser Erde würden Frieden haben in seiner Familie. Was glaubt ihr, wie viele von diesen würden in den Krieg ziehen?
Keiner?
Seht ihr, wie einfach das wäre?

Könntet ihr euch das überhaupt vorstellen – Frieden zu haben? Habt ihr schon mal darüber nachgedacht?

Friede im Herzen, die ganze Energie, um das Leben zu genießen?

Fühlt ihr das? Wie viel Kraft in uns steckt? Keine Energie mehr verschwenden, um an Leid, Wut, Neid und Hunger zu denken?

Nicht mehr streiten – über die Gefühle, Gedanken und Visionen reden. Miteinander neue Projekte erschaffen im Grundgedanken der Herzlichkeit. Im Einklang des Universums. Hand in Hand gehen, alles ohne Machtgedanken und Ausbeutung im Hintergrund.

- Wie klingt das für euch?
- Schön?
- Kommt da nicht schon wieder diese große Sehnsucht hoch, die tief in eurem Inneren ist?

Sie wartet darauf, endlich in diese Harmonie-Schwingung zu kommen.

- Wie geht es euch in diesem Moment?
- Wenn ich, Saphira, davon erzähle?
- Gut?
- Ja?

Das ist für mich Familie und Frieden, denn jeder Mensch auf dieser Erde kann etwas dafür tun.
Oder?

Wo geht ein Mensch hin, wenn er sich entscheidet, seine Ursache aufzulösen? Er bittet um Hilfe, und lässt sich führen in seinem Vertrauen. Es gibt schon sehr viele Menschenseelen auf der Erde, die helfen können. Sie lernen euch die Ursache in Liebe zu transformieren.

Wenn ihr dann auch mitarbeitet, an euch selber, und Vertrauen habt in euch und eure göttlichen Helfer, dann wird es euch in diesen Frieden führen.

Doch auch hier gilt es, das Ganze Schritt für Schritt zu meistern.

Ihr schält Schale für Schale, um an euer innerstes Geheimnis oder eure eigene Wahrheit zu gelangen. Und indem ihr es lebt, wird es euch immer besser gehen, wird das Leben leichter. Dann werden die anderen Menschenseelen es fühlen, und sie werden es auch erleben wollen. Und so kommen wir immer weiter und –
die große Vision der Mutter Erde –
„FRIEDE"
kann wieder manifestiert werden.

Saphira fühlt sich sehr glücklich, wenn sie über so etwas Schönes sprechen darf.

Es ist an der Zeit. Die Zeit ist reif, und die Menschen sind bereit für dieses neue Bewusstsein.

Saphira und all die geistigen Helfer sind um euch und werden euch unterstützen. Erschaffen wir gemeinsam die neue Erde und senden wir eine neue Welle der Liebe in das ganze Universum.

Heilung der Gedanken

Die Erde verwandelt ihre Lichtfrequenz in eine höhere Schwingung. Und die Menschenseelen verwandeln sich mit ihr.

Es wird Dinge geben, die bis zum heutigen Tage noch funktioniert haben. Doch in der neuen Schwingung der Erde werden sie keine Gültigkeit mehr haben.
Das bedeutet für viele Menschenseelen, dass sie bereit sein sollen, neue Techniken zu erlernen und Altes loszulassen.
Seid ihr bereit für diesen Schritt?

Er bringt auch die Leichtigkeit, um Dinge aufzulösen, die ihr nicht mehr haben wollt. Auch das wird viel einfacher. Ihr braucht nicht mehr jahrelang dafür zu leiden. Ihr könnt zum richtigen Zeitpunkt auflösen –

wenn ihr bereit seid, und es EUER WILLE ist.
Dann habt ihr die geistigen Helfer, die um euch sind, zur Seite, und ihr werdet es selber spüren, wie es leichter und leichter gehen wird.

Es werden neue Heilmethoden wieder aktiviert, deren Ursprung schon lange in eurem Inneren ist.
Doch von eurem Geheimnis könnt ihr nur soviel erfahren, wie ihr bereit seid, Tür für Tür zu öffnen.

- Fühlt ihr euch bereit?
- Wollt ihr diese Türen öffnen?
- Eure verborgenen Geheimnisse lüften?
- Seid ihr zu diesem Schritt bereit?
- Wo beginnen wir?

Zuerst einmal beginnt ihr eure Ängste und Zweifel abzugeben.

• Wie?

Indem ihr eure Gedanken beobachtet.

• Wo lenkt ihr eure Aufmerksamkeit hin?
• In schöne Gedanken?
• In negative Gedanken?

Die Energie folgt der Aufmerksamkeit, wo ihr sie hinlenkt.
Seid ihr euch dessen bewusst?

Mehr denn je tritt dieses Gesetz in Wirkung. Durch die Schwingungserhöhung der Erde gilt:

„Was ihr denkt – ist eure Zukunft!"

Mit der Energie der Gedanken manifestiert ihr eure Welt, in der ihr leben werdet. Das ist eine große Verantwortung und Herausforderung für euch Menschenwesen. Doch es liegt in eurer Macht, was ihr daraus macht. Gestaltet ihr eure Welt mit liebevollen Gedanken und genießt das Leben, oder wollt ihr in einer von Angst und Zweifeln besetzten Welt wohnen?

Doch auch hier gilt es Schritt für Schritt vorzugehen. Sich selber beobachten: Was denke ich?

Wenn es nicht sehr schön ist, dann lenkt eure Energie in liebevolle Gedanken.

Lasst die Zweifel und Ängste vorüberziehen und schenkt ihnen immer weniger Aufmerksamkeit.
Und seid geduldig, beobachtet euch selber und macht es Tag für Tag und Schritt für

Schritt. Irgendwann ist es dann aus eurem Bewusstsein verschwunden.

- Was glaubt ihr, was Tiere denken?

Glaubt ihr, die verschwenden Energie an angsterfüllte und mit Zweifeln besetzte Gedanken? Nein, sie leben Tag für Tag und geben ihr Bestes.
Und doch habt ihr Menschenseelen ein höheres Bewusstsein und eine große Schöpferkraft in euch.

Und das, was ist auf eurem Planeten – ist das alles was ihr erschaffen könnt?

- Warum nicht mehr Liebe in euer Leben bringen?
- Was hindert euch daran?

Ein Wirtschaftssystem, das aufgebaut ist auf Vernichtung und Krieg?
Wieso macht ihr nicht den 1. Schritt heraus aus diesem System?

Was glaubt ihr, wenn keine Menschenseele mehr den Krieg mit ihren Worten und Gedanken füttern würde, wie viel Krieg gäbe es noch?
Keinen?
Ja?

Seht ihr, wie einfach es eigentlich ist, global Dinge zu verändern?

Es ist schon sehr viel passiert auf Mutter Erde, aber es ist ein Tropfen auf dem heißen Stein.
Es wäre viel mehr möglich. Wenn ihr endlich aufwachen würdet.

Aufwachen, was bedeutet das?

Die Dinge von einer anderen Seite betrachten.

- Was lebe ich?
- Bin ich glücklich?
- Denke ich nur an mich oder versuche ich anderen zu helfen?

Meine Gedanken und Worte: sind sie liebevoll?

- Lebe ich im Einklang mit der Natur?
- Bedanke ich mich für alles?
- Was ist für mich die Essenz des Lebens?

Saphira ist da, um euch zu helfen. Es ist ihr innigster Wunsch, dass viele Menschenseelen aufwachen und beginnen, ihr Le-

ben von einer tieferen Seite zu betrachten, es mehr schätzen lernen und mit all ihrer Kraft zu leben.
Es ist an der Zeit, aufzuwachen.

Gehen wir gemeinsam mit dem Rhythmus des Universums.
So viele Geheimnisse, die darauf warten, ans Tageslicht geführt zu werden.

Kannst du Saphiras Gedanken folgen?
Ihren Traum fühlen?

Alles was es braucht, dies Wirklichkeit werden zu lassen, ist ein

JA

von deiner Seite und dann beginnt es.

Der Sinn des Lebens

Was ist für dich der Sinn des Lebens? Hast du schon mal darüber nachgedacht?

Das Zusammenspiel von vielen Leben. Das Potenzial in jedem von euch.
Das Wissen, tief verankert in deinem Inneren.
Die Vielfalt jedes gelebten Lebens.
Die Erfahrungen, die du mitgebracht hast.
Ist dir dies bewusst?

Was glaubst du, was du in deinen vielen Leben weiter trägst? Die materiellen Dinge oder die geistigen Einsichten und Erfahrungen, die du gesammelt hast?

Nimmst du dein Haus mit, für das du ein Leben lang gearbeitet hast?

Ich denke, dass du dir diese Frage selber beantworten kannst.

- Siehst du den Sinn des Lebens nun?
- Den Zusammenhang?
- Und warum investierst du nicht mehr Zeit in diese Dinge?

Lebst ständig in einer Illusion und fragst dich nicht nach dem tieferen Sinn!

Siehst du, wie viel du verlernt hast?

Kannst du nun verstehen, warum ein Kind dem Göttlichen näher ist?

Es ist im JETZT, nimmt den Augenblick mit all seiner Kraft wahr und denkt nicht an morgen. Kannst du dir das vorstellen? Absolut im JETZT zu sein?

Dann komm doch endlich in dieses göttliche Bewusstsein.

Werde frei! – Frei von deinen Ängsten und Zweifeln. Nur wenn du dies hinter dir lässt, ist es möglich, im Augenblick zu sein.
Wie du frei von Ängsten und Zweifeln wirst, habe ich in einem vorigen Kapitel schon geschrieben.

Saphira weiß eines: Sobald du bereit bist für diesen Schritt, werden dir die geistigen Helfer zur Seite stehen und dich bei den vielen Veränderungen, die auf dich zukommen werden, unterstützen.

Denn es gibt viele Dinge, die du verabschieden darfst, um dich freizumachen für den neuen Weg.

Wenn du bereit bist – die alten Muster hinter dir zu lassen, darf das NEUE kommen.

Doch auch hier gilt es Schritt für Schritt und mit viel Geduld vorzugehen.
Es ist wichtig, den richtigen Zeitpunkt auszuwählen und die Botschaften zu hören, wenn sie da sind.

Auch dies braucht Übung.

Aber wenn du dabei bleibst, dann wird es immer leichter gehen, und du wirst spüren, wie du mehr Kraft für dich selber bekommt.
Schale für Schale wirst du deine Muster abgeben, die du nicht mehr braucht.

Stell es dir so vor: Wie bei einer Zwiebel, und im Innersten sitzt deine eigene Wahrheit.

Es wird Zeiten geben, wo es einfacher gehen wird, Zeiten des Ruhens und auch Zeiten, wo es etwas mühsamer sein kann. Doch Saphira bittet dich, vertraue darauf, dass jede Situation, jede Veränderung nur zu deinem BESTEN ist.

Verliere nicht die Geduld.

Wenn dein Körper schmerzt, lass die alten Muster gehen. Sie sind im Körper manifestiert und können sich verabschieden.

Geh in die Natur.
Geh in die Schöpfung Gottes.

Jeder Gedanke Gottes ist in der Natur ersichtlich und spürbar.
Dort ist der Ort der größten Heilung. Der Duft der vielen verschiedenen Kräuter,

Pflanzen, Blumen und Bäume. Alles ist in der Natur manifestiert.
Lerne wieder ihr zuzuhören, sie zu fühlen, im Einklang ihres Rhythmus zu leben.

Sie gibt dir alle Informationen, die für deinen Körper, Geist und Seele wichtig sind.

Höre wieder auf deine Intuition; wann du etwas brauchst.
Geh in die Natur oder in deinen Garten und pflücke von einer Pflanze und esse sie.

Dein Körper gibt dir das Zeichen, wenn du auf ihn hört.
Es ist alles da. Du brauchst dich nur zu öffnen für dieses Wunderbarste aller Geheimnisse.
Es ist in DIR.

Saphira hat so viele Dinge zu sagen und weiß gar nicht richtig, wo sie anfangen soll. *Aber Saphira und all die Kinder der 5. Dimension sind da und warten auf jede Menschenseele, die sich entschließt aufzuwachen, um sie zu unterstützen.*

Wir sind da und überglücklich über jeden, der sich dazu entschließt. Es ist der göttliche Plan.

Wir sind alle miteinander verbunden.

Alle sind wir den Weg unseres freien Willens gegangen und haben jetzt die Möglichkeit, uns wieder auf liebevolle Art und Weise zu vereinen. Das Paradies auf Mutter Erde zu erschaffen.

Es ist nur eines sehr wichtig und Saphira bittet dich JETZT diese Frage zu beantworten:
„Willst du das?"

Wenn JA – dann gehen wir zum nächsten Kapitel.

Der Quantensprung

Viele alte Prophezeiungen schreiben über das Ende der Zeitalter der „9 Höllen"; das Ende des Leides und der Opferhaltung der Menschen.

Die Gesetze werden sich verändern. Es werden nur noch jene Seelen mit Energie genährt, die Gutes tun wollen.

Die Mächte, die die Energien nicht mehr zum Besten aller einsetzen, werden nicht mehr gefüttert mit Energie.
Das bedeutet, sie werden sich noch zusammenklammern, aber sie werden langsam aber sicher zerbröckeln.

Und diese Zeichen sind in deiner materiellen Welt schon sehr gut sichtbar.

Und jetzt kommt die Überraschung:

Diese Zeichen sind der **BEGINN FÜR DAS GOLDENE ZEITALTER**, das jetzt auf Mutter Erde manifestiert wird.

Das heißt, die Menschenseelen, die jetzt auf der Erde leben, haben die schönste Möglichkeit, die den inkarnierten Seelen passieren kann. – Du kannst mit der Energie der Leichtigkeit dein Karma abgeben und dein goldenes Zeitalter für dich selber kreieren und gestalten.

- Ist das nicht schön?

- Wird es dir bei diesem Gedanken nicht warm ums Herz?
- Verspürst du diese große Dankbarkeit, zur richtigen Zeit am richtigen Ort zu sein?

Alles was du zu tun brauchst ist:
Es muss DEIN WILLE sein, befreit zu werden. Dir deine Schuld zu vergeben, nicht mehr Opfer sein zu wollen und mit deinen Gedanken und Worten im Jetzt zum Schöpfer werden. Zum Schöpfer deiner eigenen Welt. Einer Welt, die du fühlst – und zu leben und deine schönen Gedanken zu manifestieren auf Mutter Erde.

Nicht mehr leiden, nein –
leben
und es tun wollen –
so heißt das neue Gesetz auf Mutter Erde.

Hast du schon mal was darüber gehört oder gelesen?
Wie fühlt es sich für dich an in diesem Moment?
Gut?

Wenn ja, dann tut es und fang damit an –
JETZT ...

Du kannst nichts verlieren.
Aber du kannst alles erreichen.

Die Kraft der Gedanken

Die Kraft der Gedanken ist auch noch etwas sehr Wichtiges, das Saphira dir mitteilen will:

Früher brauchte ein Gedanke sehr lange Zeit, um sich zu manifestieren. In der neuen Energie wird es immer schneller werden.

Ziel wird sein – ich denke, und der Gedanke manifestiert sich.

Doch das dauert noch, da auch dieser Evolutionssprung sehr vieler Übung bedarf. Vor allem ist es eine sehr große Verantwortung.

Ist dir jetzt klar, warum ich vorher geschrieben habe, wie wichtig es ist, sich Gedanken über seine eigenen Gedanken zu machen und sie zu transformieren in Licht?

Wenn ich die Macht habe, jeden Gedanken zu manifestieren, dann ist es ratsam, schöne Gedanken zu haben, denn das ist ja meine Welt, die ich erschaffe.

Hast du jetzt den Zusammenhang erkannt?

- Das Zusammenspiel der unsichtbaren Kräfte auf diesem Planeten?
- Und die Auswirkungen?

Kannst du jetzt erkennen, warum so vieles drunter und drüber geht?

So viel Chaos in den Gedanken der Menschen!

Was glaubst du, wie sich diese negativen Gedanken manifestieren?

Die Schöpfung sucht immer den Weg der Harmonie und entsorgt solche Störungen.

Was glaubst du, wohin sie gehen?
Stürme, Orkane, Vulkanaustritte, Überschwemmungen usw.
Ja, genau dorthin.

Die Natur findet einen Weg zum Ausgleich der Kräfte.
So und jetzt stell dir vor:
Die Menschen denken schöne Gedanken.
Was passiert dann?

Sie bekommen Kräfte und Visionen und können neue Technologien entwickeln, um Mutter Erde nicht mehr so auszuplündern.

Ja, das wäre die andere Seite. Und die Entscheidung liegt bei den Menschen, die JETZT auf der Erde sind.

Was willst du denken?

- Gedanken der Zerstörung?
- Gedanken des Schöpfers?

Es ist deine freie Entscheidung, und jeder kann sich mit seinem Willen jede Sekunde neu entscheiden.

Du brauchst dich nur zu entscheiden und: Türe für Türe, Geheimnis über Geheimnis, wird geöffnet und offenbart sich für jeden Einzelnen, der diesen Weg gehen will.

Zurück zum Paradies.
Zurück zum Ursprung eurer Seele.

Zurück zur Reinheit.
Zurück zur Eigenliebe.
Zurück zu uns Kindern der 5. Dimension und all den geistigen Helfern und Führern.

Wir werden dich mit offenen Armen empfangen, und wir sind bereit.
Bereit, mit deiner Menschenseele diesen Weg gemeinsam zu gehen.

Saphira ist sehr sehr glücklich in diesem Moment. Was die Menschenseelen auf Mutter Erde erschaffen, hat Auswirkungen auf das ganze Sonnensystem.

Es wird ein sehr großer Schritt in Richtung Harmonie im ganzen Universum.
Das Rad des Lebens dreht sich immer schneller, und das Licht breitet sich in Regenbogenfarben im ganzen Universum aus.

Der Regenbogen erwacht

Kannst du dir in deiner Phantasie so etwas Schönes schon vorstellen?

Regenbogenfarben überall?

Saphira ist erfüllt mit Liebe in diesem Moment!
Kannst du es auch fühlen?
Ja?
Wird es dir dabei auch so warm ums Herz?

Ist das nicht eine schönere Welt, die du erschaffen könntet für deine Kinder?

Hättest du dann nicht ein schöneres Gefühl, wenn du den Körper und Mutter Erde verlässt?

Eine Welt der Liebe, erschaffen für die nächsten Generationen, die dann in diesem Paradies leben dürfen.

Jeder Nachkomme füttert und nährt diese Welt mit seiner Einzigartigkeit und lässt die Farben noch mehr strahlen.
Das klingt doch viel besser, oder?

Du wärst in geistigem Kontakt mit deinen Kindern, könntest ihnen helfen und sie unterstützen.

Es wäre keine Grenze mehr zwischen den Welten. Keine hinterlassenen Ängste und Zweifel, die deine Kinder behindern würden.

Das wäre die absolute Befreiung.

Kannst du Saphira jetzt verstehen?
Was Saphira meint?
Mit dir gemeinsam?
Wäre es so nicht viel einfacher?

Kannst du dir so etwas überhaupt vorstellen?
Ist es in deiner Seele noch gespeichert?
Diese Urinformation der Göttlichkeit?
Die Göttlichkeit ohne Grenzen?
Noch nie waren wir, die geistige Welt, der Mutter Erde so nahe.

Es waren immer nur Eingeweihte, die von diesem großem Geheimnis wussten.

Doch jetzt hat jede Menschenseele das Recht, Zugang zu uns zu haben, sofern es ihr EIGENER WILLE ist.

Die Türen stehen für dich offen.
Und es ist deine freie Entscheidung.

- Was willst du den Kindern hinterlassen?
- Welche Welt?
- Es liegt in deiner Macht ...

Hast du noch Fragen?
Dann höre tief in dich hinein, und wir werden dir die Antwort geben.

- Es ist am Anfang eine leise Stimme, die du vernimmst. Oder es kann auch ein Bild sein.
- Ein Traum ist ebenfalls möglich.
- Ein Dejavou mitten am Tag, während deinem Tagesgeschehen.

Auf welche Art und Weise du die Botschaften empfangen wirst, hängt von deiner eigenen Begabung ab:

- der Eine sieht
- der Andere hört
- der Andere träumt
- der Andere malt
- und ein Anderer singt.

Lerne wieder, in dich zu gehen.
Versuche einfach, das Äußere ein bisschen beiseite zu schieben und mehr Aufmerksamkeit auf dein INNERSTES zu legen. Du wirst überrascht sein, was sich da alles verändern wird.

Freue dich.

Es ist ein wunderbares Gefühl. Die Flügel der Seele auszubreiten, sie in deinem Körper zu fühlen und den Geist wachsen zu lassen.

Und wir Kinder aus der anderen Dimension werden uns mit dir freuen, wenn wir gemeinsam die Energien, die Farben und die Gespräche sowie die Gesänge erklingen lassen.

Das ist unsere VISION – ja, ich spreche von UNSERER.

Wir verbinden die materielle Welt mit der geistigen. Wir nehmen uns nicht mehr als GETRENNTES wahr.

Wie klingt das für dich?
Schön?
Warm?
Nach Hause kommen?

DANN LASST UNS
BEGINNEN.

JETZT

DENN WIR SIND DA.

In tiefer Liebe und Hochachtung
Saphira,
all die Kinder der 5. Dimension
und die geistige Welt.

Symbol – Anleitung

Das Symbol abmalen und unter das Kopfkissen legen. Die Kinder werden im Schlaf durch das göttliche Licht geführt. Der Schlaf wird ruhiger.

Den Kreis mit dem Punkt in der Mitte auf die linke Hand beim Handgelenk malen. Das gleicht Disharmonie aus und beruhigt.

Das Symbol auf die linke Hand malen – bei Angst, Zweifel. Dadurch wird das Vertrauen ins Göttliche wieder gestärkt.

Die Kinder das Symbol anschauen und ihre Intuition entscheiden lassen, was sie im Moment brauchen – sie wissen es am Besten.

Wenn ihr das Symbol anschaut, verbindet euch mit eurem höheren Selbst und fragt, welchen Teil ihr im Moment, im JETZT, braucht.

Malt euch z. B. aufs Herz, auf die linke Hand oder auf die Fußsohle ein Symbol. Fühlt dann in euren Körper, beobachtet eure Gedanken und lasst es wirken.

Legt einen Bachstein oder einen Edelstein auf das Symbol und bittet darum, dass die Energie auf den Stein übertragen wird. Dann könnt ihr ihn bei euch tragen oder unters Kopfkissen legen.
Den Stein in fließendem Wasser reinigen, oder dem Vollmond zum Aufladen geben – und wenn ihr glaubt, dass der Stein genug für euch gearbeitet hat – dann bitte der Natur mit einem Danke übergeben.

Autorin:

Sabine Maria Böhler ist am 28. Oktober 1967 in Dornbirn geboren.
Sie ist Mutter von drei Töchtern im Alter von 20, 9 und 7 ½ Jahren.
Die Neugier nach dem Sinn des Lebens führte sie in verschiedene Länder dieser Erde und in andere Kulturen.
Dort lernte sie die tieferen Zusammenhänge der geistigen Welt kennen.
Durch die intensive Schulung und durch die Umsetzung in den Alltag kam sie dem inneren Kern ihrer Wahrheit immer näher.
Sie gibt nun die Botschaften an andere Menschen weiter.

Für Fragen steht sie gerne zur Verfügung:
E-Mail: sabineboehler67@gmx.at
www.worldwidespirit.at